لمحہ مسافت

Dr. S. Ahmad

Published by Dr. S. Ahmad, 2025.

لمحه مسافت

First edition. November 28, 2025.

ISBN: 979-8232186173

Written by Dr. S. Ahmad.

بسم اللہ الرحمن الرحیم

لمحہ مسافت

اسلام کے تناظر میں انسانی زندگی کا سفر

پیش لفظ

انسانی زندگی ایک مسافرانہ سفر ہے جو لمحہ بہ لمحہ انجام کی جانب رواں دواں ہے۔ یہ سفر پیدائش کے اولین لمحے سے شروع ہو کر موت کی آخری حد تک پھیلا ہوا ہے، جہاں ہر قدم ایک نئے تجربے کا پیش خیمہ اور ہر منزل ایک نئی سبق آموز داستان ہے۔ یہ مسافرت محض ایک جسمانی انتقال نہیں، بلکہ روحانی ارتقا کا ایک ایسا سفر ہے جس میں انسان اپنے خالق حقیقی سے جا ملتا ہے۔

اس کتاب "لمحہ مسافت" کا مقصد قاری کو اس سفر کی حقیقی معنویت سے روشناس کراتے ہوئے، اسلامی تعلیمات کی روشنی میں اسے بامقصد بنانے کا راستہ دکھانا ہے۔ ہم اس دنیا میں حقیقی مسافر ہیں، جہاں ہر سانس ہمارے سفر کی گواہ ہے اور ہر لمحہ ہماری منزل کی طرف بڑھتا ہوا ایک قدم۔

:قرآن مجید میں ارشاد باری تعالیٰ ہے

ہم نے آسمانوں اور زمین کو اور جو کچھ ان کے درمیان ہے، کھیل" تماشہ بنایا ہی نہیں۔ ہم نے انہیں پیدا ہی نہیں کیا مگر حق کے ساتھ، لیکن ان میں سے اکثر لوگ نہیں جانتے" (سورۃ الدخان: 38-39)۔

یہ آیات ہمیں بتاتی ہیں کہ ہمارا وجود اور ہمارا سفر بے مقصد نہیں، بلکہ ایک اعلیٰ مقصد کے تحت ہے۔ ہماری زندگی کا ہر پل، ہمارا ہر عمل، ہماری ہر کوشش درحقیقت ایک حتمی منزل کی طرف سفر ہے۔

اس کتاب میں ہم نے انہیں پندرہ ابواب میں زندگی کے اس مسافرانہ پہلو کو اسلامی تعلیمات کی روشنی میں پیش کرنے کی کوشش کی ہے۔ ہر باب قاری کو اس سفر کے مختلف مراحل سے گزارتے ہوئے اسے منزل تک پہنچانے کا راستہ دکھاتا ہے۔

اس کتاب کے مطالعے کے دوران قاری درج ذیل سفر طے کرے گا

پہلے باب میں انسان کی مسافرانہ حیثیت کا تعارف

دوسرے باب میں صوفیانہ دل کے اثاثے کی پہچان

تیسرے باب میں اسلام کے بنیادی ارکان کو نقشہ راہ کے طور پر سمجھنا

چوتھے باب میں اخلاقیات کو زاد راہ کے طور پر اپنانا

پانچویں باب میں علم کی روشنی حاصل کرنا
اور پھر آگے کے ابواب میں دعا، موت، آخرت، اللہ سے ملاقات، آزمائشوں، توبہ، ذکر، محبت رسول ﷺ اور آخر میں عملی تجاویز پر مشتمل رہنمائی۔

حضرت علی کرم اللہ وجہہ کا قول ہے

دنیا کی مثال سفر کرنے والے کی سی ہے جو دوپہر کو تھوڑی دیر کے لیے سایہ میں آرام کر لے، پھر اٹھ کر چل پڑے۔
یہ کتاب درحقیقت اسی آرام گاہ میں بیٹھے ہوئے مسافر کو اس بات کی یاد دہانی کراتی ہے کہ اس کا مقصد صرف آرام کرنا نہیں، بلکہ منزل کی طرف سفر جاری رکھنا ہے۔
آئیے، اس سفر میں ہم سب مل کر چلیں، ایک دوسرے کی رہنمائی کریں، اور اس عظیم منزل تک پہنچنے کی کوشش کریں جس کا وعدہ ہمارے رب نے ہم سے فرمایا ہے۔
۔ یہ کتاب قاری کو اس سفر کی حقیقی معنویت سے روشناس کراتے ہوئے، اسلامی تعلیمات کی روشنی میں اسے بامقصد بنانے کا راستہ دکھاتی ہے۔

ڈاکٹر صغیر احمد

دسمبر 2025

ابواب کی تفصیل

باب اول: انسان - ایک مسافر

دنیا کی فانی حیثیت اور انسان کی حقیقی منزل کا تعارف

اِس دنیا کی تمام رونقیں، اِس کی شوخیاں اور اِس کی محبتیں سب فانی ہیں۔ یہ دنیا درحقیقت ایک پل کا سایہ ہے، ایک لمحہ کی سرگوشی ہے۔ انسان اِس دنیا میں حقیقی مسافر ہے، جس کی منزل اِس فانی دنیا سے پرے ابدی زندگی ہے۔ قرآن پاک میں ارشاد ہے: **"اور دنیا کی زندگی تو دھوکے کے سوا کچھ نہیں"** (سورہ آل عمران: 185)۔ یہ آیت ہمارے سامنے دنیا کی اصلیت کو بے نقاب کرتی ہے۔

ہم سب ایک عارضی مسکن میں مقیم ہیں۔ ہمارا اصل وطن، ہماری حقیقی منزل، آخرت کی وہ بے پایاں دنیا ہے جہاں ہمیشہ ہمیشہ کی زندگی ہے۔ اِس حقیقت کو جان لینا انسان کے سفر کی پہلی سیڑھی ہے۔ جب تک انسان اِس دنیا کو حقیقی مسکن سمجھے گا، وہ مسافر نہیں بن سکتا۔ مسافر وہ ہے جو اپنے گھر کو چھوڑ کر کسی دوسری منزل پر جا رہا ہو۔ ہمارا گھر جنت ہے، جہاں سے ہم اِس دنیا میں بھیجے گئے ہیں اور ہماری واپسی کا سفر جاری ہے۔

قرآن و حدیث میں زندگی کو "سفر" سے تشبیہ

قرآن مجید نے انسانی زندگی کو مختلف انداز میں "سفر" سے تشبیہ دی ہے۔

:ارشاد باری تعالیٰ ہے

اور ہم نے آسمانوں اور زمین کو اور جو کچھ ان کے درمیان ہے، کھیل" تماشہ بنایا ہی نہیں۔ ہم نے انہیں پیدا ہی نہیں کیا مگر حق کے ساتھ، لیکن ان میں سے اکثر لوگ نہیں جانتے" (سورہ الدخان: 38-39)۔

یہ "حق" درحقیقت اِس سفر کی منزل ہے۔

:نبی کریم ﷺ نے ارشاد فرمایا

دنیا میں ایسے رہو جیسے کوئی مسافر ہو یا راستہ کا مسافر" (بخاری)۔"

یہ حدیث ہمارے سامنے زندگی گزارنے کا ایک واضح نقشہ پیش کرتی ہے۔ ایک مسافر راستے میں عارضی قیام کرتا ہے، وہ اپنے سامان میں اضافہ نہیں کرتا بلکہ ضرورت کے مطابق سبک بار رہتا ہے۔ وہ اپنے سفر کے مقصد کو ہر وقت یاد رکھتا ہے۔

مسافر کی صفات: سبک بار ہونا، راستہ جاننا، منزل کو یاد رکھنا

:ایک کامیاب مسافر کی تین بنیادی صفات ہیں

سبک بار ہونا

ایک عقلمند مسافر اپنے سفر میں بوجھل سامان نہیں رکھتا۔ اِسی طرح ہمیں اِس دنیاوی سفر میں بھی سبک بار رہنا چاہیے۔ دلی لگاؤ، مادی خواہشات کا بوجھ، اور فضولیات کا بار ہمارے سفر کو مشکل بنا دیتا ہے۔ حضرت ابوبکر صدیق رضی اللہ عنہ کے پاس جب کچھ نہیں تھا، تو آپ ﷺ نے فرمایا: "دنیا میں سبک بار رہو"۔ یہی سبک باری ہمارے روحانی سفر کی اولین شرط ہے۔

راستہ کاادراک

کوئی مسافر منزل تک نہیں پہنچ سکتا اگر وہ راستہ نہ جانے۔ ہمارے لیے راستہ قرآن و سنت کی صورت میں موجود ہے۔

ارشاد باری تعالیٰ ہے: "**یہ میری سیدھی راہ ہے، پس اس پر چلو، اور دوسری راہوں پر نہ چلو کہ وہ راہیں تمہیں اس کی راہ سے بھٹکا دیں**" (سورہ الانعام: 153)۔ ہمارا راستہ صراط مستقیم ہے، جس پر چل کر ہی ہم اپنی منزل تک پہنچ سکتے ہیں۔

منزل کی جستجو رکھنا

مسافر کبھی اپنی منزل کو نہیں بھولتا۔ وہ ہر قدم منزل کی طرف بڑھتا ہے۔ ہماری منزل اللہ سے ملاقات ہے، جنت کی ابدی زندگی ہے۔

نبی کریم ﷺ نے فرمایا: **"**ذکرو اللہ کی کثرت کرو، یہاں تک کہ لوگ تمہیں دیوانہ کہیں**"** (ابو داؤد)۔

اللہ کا ذکر ہمیں ہماری منزل سے جوڑے رکھتا ہے۔

ہم سب مسافر ہیں۔ ہمارا سفر پیدائش سے موت تک ہے، اور موت درحقیقت منزل تک پہنچنے کا پہلا قدم ہے۔ اِس سفر میں کامیابی اُن تین صفات کے حصول میں ہے: سبک بار ہونا، راستہ جاننا، اور منزل کو یاد رکھنا۔ آئیے، اپنے آپ کو حقیقی مسافر بنائیں، اور اِس عارضی دنیا میں اپنی ابدی منزل کو ہر لمحہ یاد رکھیں۔ اے اللہ! ہمیں حقیقی مسافر بنا، ہمارے بوجھ ہلکے کر، ہمیں سیدھا راستہ دکھا، اور ہمیں ہمیشہ اپنی منزل یاد رکھنے کی توفیق عطا فرما۔ آمین۔

باب دوم: صوفیانہ دل - مسافر کا اثاثہ

تصوف کا حقیقی مفہوم: دل کی پاکیزگی اور اللہ سے تعلق

تصوف کوئی راہ فرار نہیں، بلکہ راہِ حق پر گامزن ہونے کا عملی نام ہے۔
یہ دل کی اُس کیفیت کا نام ہے جب بندہ اپنے رب کے ساتھ براہِ راست تعلق قائم کر لے۔ امام غزالی رحمہ اللہ فرماتے ہیں: "تصوف دل کو اللہ کی طرف متوجہ کرنا اور دنیا کی محبت سے آزاد کرنا ہے"۔
حقیقی تصوف شریعت کی بنیاد پر قائم ہے۔ یہ ظاہر و باطن کے درمیان توازن قائم کرتا ہے۔
نبی پاک ﷺ کا ارشاد ہے: **"**بے شک اللہ تعالیٰ تمہاری صورتوں اور تمہارے مالوں کو نہیں دیکھتا، بلکہ وہ تو تمہارے دلوں اور تمہارے اعمال کو دیکھتا ہے**"** (مسلم)۔ یہیں سے تصوف کی بنیاد پڑتی ہے - دل کی پاکیزگی اور نیت کی درستگی۔

ذکر و فکر کے ذریعے سفر میں روحانی توانائی حاصل کرنا

ذکر و فکر روحانی سفر کے لیے وہ زادِ راہ ہے جس کے بغیر مسافر منزل تک نہیں پہنچ سکتا۔ ذکر زبان کی حرکت نہیں، بلکہ دل کی حالت ہے۔
اللہ تعالیٰ فرماتے ہیں "**جو لوگ ایمان لائے اور ان کے دل اللہ کے ذکر سے مطمئن ہوتے ہیں، جان لو کہ دلوں کا اطمینان اللہ ہی کے ذکر سے ہے**" (الرعد: 28)۔

ذکر کے تین درجات ہیں

ذکرِ زبان: زبان سے اللہ کا نام لینا

ذکرِ قلب: دل میں اللہ کی حضوری محسوس کرنا

ذکرِ روح: ہر سانس میں رب کا احساس جاگزیں ہونا

فکر درحقیقت قرآن اور کائنات کی آیات پر غور و تدبر ہے۔ حضرت حسن بصری رحمہ اللہ فرماتے ہیں: "**تفکر ساعة خير من قيام ليلة**" - **ایک گھڑی غور و فکر رات بھر کے قیام سے بہتر ہے۔**

صوفیاء کے اقوال و واقعات کی روشنی میں قلب کی تربیت

حضرت رابعہ بصریہ رحمہ اللہ کا واقعہ

ایک بار حضرت رابعہ بصریہ کو دیکھا گیا کہ وہ ایک ہاتھ میں مشعل اور دوسرے ہاتھ میں پانی لیے دوڑی جا رہی ہیں۔ پوچھنے پر انہوں نے کہا: "میں جنت کو آگ لگانے اور دوزخ کو پانی بہانے جا رہی ہوں، تاکہ لوگ محض جنت کی خواہش یا دوزخ کے ڈر سے نہیں، بلکہ محض اللہ کی محبت میں

عبادت کریں۔" یہ ہے دل کی تربیت کا اعلیٰ مقام ۔ عبادت میں کسی غرض کا نہ ہونا۔

حضرت بایزید بسطامی رحمہ اللہ کا قول

میں تیس سال تک اللہ کی عبادت کرتا رہا، پھر میں نے دیکھا کہ میں اللہ کو پا گیا ہوں۔ پھر میں نے دیکھا کہ میں تیس سال تک اپنے نفس کی عبادت کرتا رہا تھا، کیونکہ اس میں میرا **'میں'** موجود تھا۔ یہ قول نفس کی اصلاح کی اہمیت کو واضح کرتا ہے۔

حضرت جنید بغدادی رحمہ اللہ کی تعلیم

وہ فرماتے تھے: "تصوف یہ ہے کہ اللہ تمہیں تمہاری موت سے پہلے تمہیں مرا دے۔" اس کا مطلب ہے کہ اپنی خواہشات، اپنی مرضی، اور اپنے وجود کے احساس کو اللہ کی مرضی میں فنا کر دینا۔

:قلب کی تربیت کے عملی مراحل

محاسبۂ نفس: ہر روز اپنے اعمال کا حساب لگانا
مراقبہ: ہر لمحہ یہ احساس کہ اللہ دیکھ رہا ہے
محبت: ہر چیز میں اللہ کی محبت کو تلاش کرنا
رضا: اللہ کے ہر فیصلے پر راضی رہنا

صوفیانہ دل درحقیقت وہ آئینہ ہے جس میں رب کا عکس دکھائی دیتا ہے۔ یہ دل ہی ہے جو مسافر کو راستہ دکھاتا ہے، اسے توانائی دیتا ہے، اور اسے منزل تک پہنچاتا ہے۔ حضرت شفیق بلخی رحمہ اللہ فرماتے ہیں: "جس کا دل "صاف ہو گیا، اس کی نگاہیں حق کو دیکھنے لگیں۔

آئیے، اپنے دلوں کو صاف کریں، ذکر و فکر کے ذریعے اپنے اندر کی دنیا کو آباد کریں، اور اپنے سفر میں صوفیاء کے نقش قدم پر چلتے ہوئے اپنی منزل کی طرف بڑھیں۔

اے اللہ! ہمارے دلوں کو اپنے ذکر کے لیے پاک کر، اپنی محبت سے" "معمور کر، اور ہمیں اپنا حقیقی عاشق بنا۔ آمین۔

باب سوم: اسلام کے بنیادی ارکان - مسافر کا نقشہ راہ

کلمہ طیبہ: سفر کا آغاز

کلمہ طیبہ "لا الہ الا اللہ محمد رسول اللہ" محض چند الفاظ کا مجموعہ نہیں، بلکہ یہ ایک روحانی سفر کا نقطہ آغاز ہے۔ جس طرح کوئی مسافر سفر شروع کرنے سے پہلے اپنی منزل کا تعین کرتا ہے، اسی طرح کلمہ کے ذریعے انسان اپنی زندگی کی سمت کا فیصلہ کرتا ہے۔

حضرت مجدد الف ثانی رحمہ اللہ فرماتے ہیں: "کلمہ دو حصوں پر مشتمل ہے۔ پہلا حصہ 'لا الہ' ہے جو تمام باطن معبودوں کے انکار کا نام ہے، اور "دوسرا حصہ 'الا اللہ' ہے جو حقیقی معبود کے اقرار کا اعلان ہے۔

نبی کریم ﷺ نے ارشاد فرمایا: **"جس نے خلوصِ دل سے لا الہ الا اللہ کہا، وہ جنت میں داخل ہوگا"** (صحیح البخاری)۔ یہ خلوصِ دل ہی درحقیقت سفر کی پہلی شرط ہے۔ کلمہ طیبہ انسان کے اندر ایک نئی شناخت پیدا کرتا ہے - وہ اب صرف اللہ کا بندہ اور محمد ﷺ کا امتی ہے۔

نماز: روزانہ کی روحانی سواری

نماز مسافر کے سفر کی روزانہ کی روحانی سواری ہے۔ جس طرح ایک مسافر کو اپنی منزل تک پہنچنے کے لیے روزانہ سفر کرنا پڑتا ہے، اسی طرح روحانی مسافر کو روزانہ پانچ وقت کی نماز کے ذریعے اپنی منزل کی طرف سفر جاری رکھنا ہوتا ہے۔

امام غزالی رحمہ اللہ نماز کی مثال دیتے ہوئے فرماتے ہیں: "نماز روح کے لیے وہی ہے جو پانی کشتی کے لیے۔ جس طرح کشتی بغیر پانی کے چل "نہیں سکتی، اسی طرح روح بغیر نماز کے اپنی منزل تک نہیں پہنچ سکتی۔

قرآن مجید میں ارشاد ہے: "**بے شک نماز بے حیائی اور برے کاموں سے روکتی ہے**" (العنکبوت: 45)۔ یہ نماز کا معجزہ ہے کہ وہ مسافر کو راستے کے تمام خطرات اور گمراہیوں سے بچاتی ہے۔

****روزہ: نفسانی خواہشات پر قابو****

روزہ درحقیقت نفس کی تربیت کا عملی تربیتی کیمپ ہے۔ جس طرح ایک مسافر کو سفر میں مختلف قسم کی مشکلات اور آزمائشوں کا سامنا کرنا پڑتا ہے، اسی طرح روزہ دار اپنی خواہشات پر قابو پا کر اپنے آپ کو مشکلات کے لیے تیار کرتا ہے۔

حضرت سلطان باہو رحمہ اللہ فرماتے ہیں: "روزہ دار کا روزہ اس وقت تک کامل نہیں ہوتا جب تک وہ خوابیدہ حالت میں بھی اللہ کے ذکر میں مشغول نہ رہے"۔
نبی پاک ﷺ کا ارشاد ہے:"**روزہ ڈھال ہے**" (صحیح البخاری)۔ یہ ڈھال مسافر کو راستے کے تمام شیطانی حملوں سے بچاتی ہے۔

زکوٰۃ: سفر میں ہمراہوں کی مدد

زکوٰۃ درحقیقت انسان کے مال کی پاکیزگی کا ذریعہ ہونے کے ساتھ ساتھ معاشرتی مساوات کا بھی عملی اظہار ہے۔ جس طرح ایک مسافر سفر میں اپنے ساتھی مسافروں کی مدد کرتا ہے، اسی طرح زکوٰۃ کے ذریعے انسان اپنے معاشرتی سفر میں اپنے بھائیوں کی مدد کرتا ہے۔
قرآن مجید میں ارشاد باری تعالیٰ ہے: "**اور ان کے مالوں میں سے زکوٰۃ لو، جس کے ذریعے تو انہیں پاک کرے گا**" (التوبہ: 103)۔ یہ پاکیزگی فرد اور معاشرے دونوں کے لیے ضروری ہے۔

حج: اجتماعی مسافرانہ تربیت

حج درحقیقت مسافرانہ زندگی کی مکمل تربیت گاہ ہے۔ یہ انسان کو عملی طور پر سکھاتا ہے کہ اس دنیا میں ہم سب مسافر ہیں اور ہماری حتمی منزل اللہ کے حضور پیشی ہے۔
حضرت شاہ ولی اللہ محدث دہلوی رحمہ اللہ فرماتے ہیں: "حج میں ہر عمل ایک نکتہ سکھاتا ہے ۔ احرام موت کی یاد دلاتا ہے، طواف قبر میں اللہ کے حضوری کا نمونہ ہے، صفا و مروہ حشر کے دن کی دوڑ ہے، اور عرفات میں وقوف حشر کے میدان کی جھلک ہے"۔
نبی کریم ﷺ نے ارشاد فرمایا: **"جس نے حج کیا اور اس دوران کوئی فحش بات یا گناہ کا کام نہیں کیا، وہ اس دن کی طرح پاک ہو کر لوٹے گا جس دن اس کی ماں نے اسے جنا تھا"** (صحیح البخاری)۔
یہ پانچ ارکان درحقیقت مسافر کے سفر کا مکمل نقشہ فراہم کرتے ہیں۔ کلمہ سے سفر کا آغاز، نماز سے روزانہ کی راہنمائی، روزے سے نفس کی تربیت، زکوٰۃ سے ہمراہوں کی مدد، اور حج سے اجتماعی تربیت ۔ یہ سب مل کر ایک مکمل اسلامی زندگی کا نقشہ پیش کرتے ہیں۔
حضرت خواجہ معین الدین چشتی اجمیری رحمہ اللہ کا قول ہے: "**ان پانچ ارکان پر چلنے والا مسافر نہ صرف اپنی منزل تک پہنچ جاتا ہے، بلکہ راستے میں دوسرے مسافروں کی رہنمائی کا ذریعہ بھی بن جاتا ہے**"۔

اے اللہ! ہمیں ان ارکانِ اسلام پر پورا اترنے کی توفیق عطا فرما، اور ہمارے سفر کو ہمارے لیے آسان بنا۔ ہمیں اپنی رضا کے راستے پر چلاتے ہوئے آخرت کی کامیابی سے ہمکنار فرما۔ آمین

باب چہارم: اخلاقیات ۔ مسافر کا زاد راہ

سفر میں رفیقوں کے ساتھ حسن سلوک

انسانی زندگی کا یہ سفر تنہا طے پانے والا سفر نہیں۔ ہم سب اس راہ میں ایک دوسرے کے ہم سفر ہیں۔ نبی اکرم ﷺ کا ارشاد ہے: "**تم میں سے کوئی اس وقت تک مومن نہیں ہو سکتا جب تک کہ وہ اپنے بھائی کے لیے وہی پسند نہ کرے جو اپنے لیے پسند کرتا ہے**" (بخاری)۔ یہی حسن سلوک کی بنیاد ہے۔

حضرت خواجہ معین الدین چشتی رحمہ اللہ فرماتے ہیں: "**راستے کے ہر مسافر کو اپنا ہم سفر سمجھو، چاہے وہ تمہارا راستہ ہی کیوں نہ چھوڑ دے**۔"

ایک صاحبِ اخلاق مسافر ہر ہم سفر کے ساتھ نرمی اور محبت سے پیش آتا ہے، چاہے اس نے اسے تکلیف ہی کیوں نہ پہنچائی ہو۔

ایک بار حضرت حسن بصری رحمہ اللہ سے پوچھا گیا: "ہمارے پاس مال نہیں کہ لوگوں کی مدد کر سکیں، تو ہم کیسے ان کے ساتھ احسان کریں؟" آپ نے فرمایا: "خوش اخلاقی سے پیش آؤ، مسکراتے ہوئے ملاؤ، نرمی سے بات کرو۔ یہ بھی احسان ہے۔"

صدق و امانت کی اہمیت

صدق و امانت مسافر کے لیے وہ روشنی ہے جو اسے راستے کے تمام اندھیروں سے بچاتی ہے۔ نبی پاک ﷺ کی زندگی کا ہر پہلو صدق و امانت کا مرقع تھا۔ آپ ﷺ کو صادق اور امین کہا جاتا تھا، یہاں تک کہ آپ کے دشمن بھی آپ کی سچائی کے قائل تھے۔

امام غزالی رحمہ اللہ احیاء العلوم میں فرماتے ہیں: "سچائی وہ کلید ہے جو بند دلوں کو کھول دیتی ہے اور مشکل راستوں کو آسان بنا دیتی ہے۔"

ایک واقعہ مشہور ہے کہ حضرت عبدالقادر جیلانی رحمہ اللہ بچپن میں سفر پر نکلے۔ ان کی ماں نے انہیں چالیس اشرفیاں دے کر کہا: "بیٹا، ہر وقت سچ بولا کرو۔" راستے میں ڈاکوؤں نے قافلے کو روکا۔ جب انہوں نے عبدالقادر سے پوچھا: "تمہارے پاس کیا ہے؟" تو انہوں نے بے خوفی سے کہا: "میری ماں نے مجھے چالیس اشرفیاں دی ہیں۔" ڈاکوؤں نے یہ سن کر انہیں چھوڑ دیا۔ یہ تھی سچائی کی قوت۔

صبر و شکر کے پہاڑوں کو پار کرنا

صبر و شکر وہ دو پہاڑ ہیں جو ہر مسافر کے راستے میں آتے ہیں۔ صبر مشکل حالات میں ڈٹ جانے کا نام ہے، اور شکر ہر حال میں اللہ کا شکر ادا

کرنا ہے۔ قرآن مجید میں ارشاد ہے: **"بے شک صبر کرنے والوں کو ان کا اجر بے حساب دیا جائے گا"** (الزمر: 10)۔

حضرت ابراہیم بن ادہم رحمہ اللہ سے کسی نے پوچھا: "ہم اللہ کی عبادت کیوں نہیں کر پاتے؟" آپ نے فرمایا: "کیونکہ تم نے اللہ کی نعمتوں کو پہچانا ہے مگر ان کا شکر ادا نہیں کیا، اور مصیبتوں کو جھیلا ہے مگر صبر نہیں کیا۔"

صبر کے تین درجات ہیں

مصیبت کے ابتدائی صدمے پر صبر

مصیبت کے دوران اللہ کی اطاعت پر صبر

مصیبت کے بعد شکوہ و شکایت سے صبر

شکر کے بھی تین درجات ہیں

زبان سے شکر

قلب سے شکر

اعضاء سے شکر

حضرت رابعہ بصریہ رحمہ اللہ کا قول ہے: "جب تمہیں کوئی نعمت ملے تو شکر کرو، اور جب کوئی مصیبت آئے تو صبر کرو۔ دونوں صورتوں میں تمہارا رب تم سے راضی ہوگا۔"

اخلاقیات درحقیقت وہ زادِ راہ ہے جو مسافر کو منزل تک پہنچاتا ہے۔ حسن سلوک ہم سفروں کے ساتھ تعلق کو مضبوط کرتا ہے، صدق و امانت راستے کی تاریکیوں کو دور کرتی ہے، اور صبر و شکر مشکل پہاڑوں کو پار کراتے ہیں۔

حضرت شاہ ولی اللہ محدث دہلوی رحمہ اللہ فرماتے ہیں: "جس مسافر کے پاس اخلاق کا زادِ راہ ہے، وہ نہ صرف خود منزل تک پہنچ جاتا ہے، بلکہ دوسرے مسافروں کو بھی راستہ دکھاتا ہے۔"

آئیے، ہم اپنے سفر میں اس زادِ راہ کو ساتھ رکھیں، تاکہ ہمارا سفر آسان ہو اور ہماری منزل تک پہنچنا یقینی ہو۔

اے اللہ! ہمیں اچھے اخلاق کی توفیق عطا فرما۔ ہمیں سچ بولنے، امانت دار بننے، صبر کرنے اور شکر گزار بننے کی ہمت دے۔ ہمارے سفر کے تمام ہم سفروں کے ساتھ حسن سلوک کی توفیق عطا فرما۔ آمین

باب پنجم: علم - مسافر کی روشنی

علم نافع حاصل کرنے کی اہمیت

علم نافع وہ روشنی ہے جو مسافر کے راستے کو منور کرتی ہے۔ یہ وہ زیور ہے جو انسان کو حیوان سے ممتاز کرتا ہے۔ نبی اکرم ﷺ کا ارشاد ہے: **"علم حاصل کرنا ہر مسلمان مرد اور عورت پر فرض ہے"** (ابن ماجہ)۔ یہ فرضیت اس لیے کہ بغیر علم کے نہ تو راستہ معلوم ہو سکتا ہے اور نہ ہی منزل تک پہنچا جا سکتا ہے۔

امام غزالی رحمہ اللہ "احیاء العلوم" میں فرماتے ہیں: "علم نافع وہ ہے جو انسان کو اللہ کی معرفت دے، اس کے احکام سکھائے، اس کی نافرمانی سے ڈرائے، اور اس کی اطاعت پر آمادہ کرے۔"

ایک بار حضرت علی کرم اللہ وجہہ سے پوچھا گیا: "علم بہتر ہے یا مال؟" آپ نے فرمایا: "علم بہتر ہے، کیونکہ علم تمہیں محفوظ رکھتا ہے جبکہ مال کی تمہیں حفاظت کرنی پڑتی ہے۔ علم حکومت کرتا ہے جبکہ مال پر حکومت کی جاتی ہے۔ مال خرچ ہونے سے گھٹتا ہے جبکہ علم خرچ ہونے سے بڑھتا ہے۔"

قرآن و سنت کو راہنماء بنانا

قرآن و سنت وہ دو روشن مینار ہیں جو مسافر کو سیدھی راہ دکھاتے ہیں۔ قرآن اللہ کا کلام ہے اور سنت رسول اللہ ﷺ کا عملی تفسیر۔

ارشاد باری تعالیٰ ہے: "**یہ کتاب (قرآن) ہم نے تمہاری طرف اتاری ہے مبارک ہے تاکہ لوگ اس کی آیات پر غور کریں اور عقلمند اس سے سبق لیں**" (ص: 29)۔

حضرت شاہ ولی اللہ محدث دہلوی رحمہ اللہ فرماتے ہیں: قرآن و سنت کو سمجھے بغیر علم حاصل کرنا ایسے ہی ہے جیسے بغیر روشنی کے تاریکی میں راستہ ڈھونڈنا۔

ایک واقعہ مشہور ہے کہ حضرت ابو حنیفہ رحمہ اللہ کے پاس ایک شخص آیا اور کہنے لگا: "میں نے بہت سارے علوم سیکھ لیے ہیں، اب مجھے کوئی ایسی بات بتائیں جو میرے لیے مفید ہو۔" امام صاحب نے فرمایا: "پہلے قرآن سیکھو، پھر سنت سمجھو، باقی سب علم اس کے بعد آ جائیں گے۔"

جہالتکے اندھیروں سے بچاؤ

جہالت وہ اندھیرا ہے جو مسافر کو راستہ بھٹکا دیتا ہے۔ یہ سب برائیوں کی جڑ ہے۔ نبی پاک ﷺ نے فرمایا"**اللہ تعالیٰ کے نزدیک سب سے برا شخص**

جاہل ہے جو نہ تو خود نیک کام کرتا ہے اور نہ دوسروں کو کرنے دیتا ہے"
(طبرانی)۔
جہالت کی دو قسمیں ہیں:
جہالت بسیط: محض علم نہ ہونا
جہالت مرکب: بغیر علم کے اپنے آپ کو عالم سمجھنا
دوسری قسم پہلی سے کہیں زیادہ خطرناک ہے۔ امام ابن تیمیہ رحمہ اللہ فرماتے ہیں: "جس شخص نے بغیر علم کے کام کیا، اس نے راستہ کھو دیا، اور جس نے بغیر علم کے بات کی، اس نے دوسروں کو بھی بھٹکا دیا۔"
حضرت خواجہ معین الدین چشتی رحمہ اللہ کا قول ہے: جہالت کے اندھیرے میں ڈوبا ہوا انسان نہ تو خود راستہ پا سکتا ہے اور نہ ہی دوسروں کو راستہ دکھا سکتا ہے۔
حصول علم کے آداب
اخلاص نیت: علم صرف اللہ کی رضا کے لیے حاصل کریں
ادب و احترام: استاد اور علم کا ادب کریں
عمل: حاصل کردہ علم پر عمل ضروری ہے
تبلیغ: دوسروں تک علم پہنچانا
علم وہ روشنی ہے جو مسافر کے سفر کے لیے ناگزیر ہے۔ علم نافع حاصل کرنا، قرآن و سنت کو راہنما بنانا، اور جہالت کے اندھیروں سے بچنا ۔ یہ تینوں چیزیں مل کر مسافر کو اس کے سفر میں کامیابی کی ضمانت دیتی ہیں۔
حضرت عبدالقادر جیلانی رحمہ اللہ فرماتے ہیں: علم کے بغیر عبادت میں روح نہیں، علم کے بغیر عمل میں برکت نہیں، اور علم کے بغیر سفر میں منزل نہیں۔
آئیے، ہم علم کی روشنی حاصل کریں، اسے اپنے دلوں میں جگہ دیں، اور اس کے ذریعے اپنے سفر کو روشن و منور کریں۔
اے اللہ! ہمیں نفع بخش علم عطا فرما، ہمیں قرآن و سنت سمجھنے کی توفیق دے، اور ہمیں جہالت کے تمام اندھیروں سے بچا۔ ہمارے علم میں برکت دے اور اس پر عمل کرنے کی ہمت عطا فرما۔ آمین

باب ششم: دعا ۔ مسافر کی پناہ گاہ

دعا کے روحانی اثرات

دعا محض الفاظ کا ایک مجموعہ نہیں، بلکہ یہ بندے کا اپنے رب سے براہ راست تعلق قائم کرنے کا ذریعہ ہے۔ یہ وہ روحانی عمل ہے جو مسافر کے دل کی گہرائیوں سے نکلتا ہے اور عرش تک پہنچتا ہے۔ نبی پاک ﷺ کا ارشاد ہے: "**دعا عبادت کا مغز ہے**" (ترمذی)۔ امام غزالی رحمہ اللہ فرماتے ہیں: "دعا وہ کلید ہے جو بندے کے دل کے قفل کھول دیتی ہے اور اسے اپنے رب سے جوڑ دیتی ہے۔"

دعا کے روحانی اثرات میں سب سے پہلا اثر یہ ہے کہ یہ بندے کے دل میں عاجزی اور انکساری پیدا کرتی ہے۔ جب انسان ہاتھ پھیلاتا ہے، آنسو بہاتا ہے، اور اپنی بے بسی کا اعتراف کرتا ہے، تو اس کے دل کی کثافتیں دور ہوتی ہیں اور اس کا دل صاف ہوتا ہے۔

حضرت شاہ ولی اللہ محدث دہلوی رحمہ اللہ فرماتے ہیں: دعا کے تین روحانی اثرات ہیں: اول، دل کی صفائی؛ دوم، رب سے تعلق کی مضبوطی؛ سوم، مقاصد کی برآوری۔

ایک مرتبہ حضرت ابراہیم بن ادہم رحمہ اللہ سے پوچھا گیا: "ہم دعا کرتے ہیں مگر قبول نہیں ہوتی؟" آپ نے فرمایا: "تم نے اللہ کو پہچان کر دعا نہیں کی، تم نے نبی ﷺ کو جان کر ان کی شفاعت نہیں مانگی، تم نے نیک لوگوں کو پہچان کر ان کے طریقے پر نہیں چلے، تم نے قرآن کو سمجھ کر اس پر عمل نہیں کیا، پھر تمہاری دعا کیسے قبول ہو؟"

مشکلات میں اللہ کی طرف رجوع

مشکلات اور پریشانیاں درحقیقت رب کی طرف بلانے والی آوازیں ہیں۔

جب مسافر کو راستے میں کوئی مشکل پیش آتی ہے، تو وہ فوراً اپنے رب کی طرف رجوع کرتا ہے۔ قرآن مجید میں ارشاد ہے: "**اور جب تمہیں کوئی تکلیف پہنچتی ہے تو تم اسی کو پکارتے ہو**" (النحل: 53)۔

حضرت سلطان باہو رحمہ اللہ فرماتے ہیں: "مصیبت درحقیقت رب کی طرف بلانے والی ہے۔ جو مصیبت میں رب کو پکارے، رب اسے ضرور سنتا ہے۔"

ایک واقعہ مشہور ہے کہ حضرت موسیٰ علیہ السلام جب مدین کے کنویں پر پہنچے، تو وہ بھوکے پیاسے تھے، راستہ بھول چکے تھے، اور ان کے پاس کچھ نہ تھا۔ اس مشکل گھڑی میں انہوں نے اللہ سے دعا کی: "**اے میرے**

رب! میں اس برکت کی محتاج ہوں جو تو مجھ پر نازل فرمائے" (القصص: 24)۔ اللہ نے نہ صرف ان کی دعا قبول فرمائی بلکہ ان کے لیے نئی زندگی کا دروازہ کھول دیا۔

مستجاب دعاؤں کے واقعات

تاریخ اسلام میں بے شمار ایسے واقعات ملتے ہیں جن میں دعا کی قبولیت :نے تاریخ کا رخ موڑ دیا

حضرت ایوب علیہ السلام کی دعا

جب حضرت ایوب علیہ السلام سخت بیماری میں مبتلا ہوئے، ان کا جسم تک زخموں سے بھر گیا، مگر انہوں نے ہمت نہ ہاری۔ انہوں نے دعا کی: "**بے شک مجھے تکلیف پہنچی ہے اور تو سب رحم کرنے والوں سے زیادہ رحم کرنے والا ہے**" (الانبیاء: 83)۔ اللہ نے نہ صرف انہیں شفا دی بلکہ ان کی اولاد اور مال میں بھی اضافہ فرمایا۔

غار ثور میں نبی ﷺ کی دعا

جب نبی ﷺ اور حضرت ابوبکر صدیق رضی اللہ عنہ غار ثور میں پناہ لیے ہوئے تھے، اور کفار کا لشکر غار کے دہانے تک آ پہنچا تھا، تو آپ ﷺ نے حضرت ابوبکر رضی اللہ عنہ کو تسلی دیتے ہوئے فرمایا: "**غم نہ کرو، بے شک اللہ ہمارے ساتھ ہے**"۔ پھر آپ ﷺ نے دعا فرمائی اور اللہ نے انہیں محفوظ رکھا۔

حضرت عمر رضی اللہ عنہ کے دور کا واقعہ

ایک قحط سالی میں حضرت عمر رضی اللہ عنہ نے حضرت عباس رضی اللہ عنہ کو ساتھ لے کر استسقاء کی دعا کی۔ آپ نے کہا: "اے اللہ! ہم تیرے نبی ﷺ کے چچا کے وسیلے سے تیری بارگاہ میں آتے ہیں۔" اس دعا کے فوراً بعد بارش ہوئی۔

دعا کی قبولیت کے شرائط

حلال روزی: حلال کمائی سے حاصل کردہ غذا

اخلاص: ریاء اور دکھاوے سے پاکی

یقین: دعا کے قبول ہونے کا پختہ یقین

حاضر قلبی: دل کی یکسوئی کے ساتھ دعا مانگنا

دعا مسافر کی سب سے بڑی پناہ گاہ ہے۔ یہ وہ روحانی ڈھال ہے جو ہر مشکل میں کام آتی ہے۔ جس مسافر نے دعا کو اپنا ہمراہ بنا لیا، اس کے لیے نہ راستے کی مشکلات مشکل رہیں اور نہ ہی منزل تک پہنچنا۔

حضرت عبدالقادر جیلانی رحمہ اللہ فرماتے ہیں: دعا وہ ہتھیار ہے جس سے مصیبتوں کو شکست دی جا سکتی ہے، دعا وہ کشتی ہے جو طوفانوں میں بچا سکتی ہے، اور دعا وہ روشنی ہے جو اندھیروں میں راستہ دکھا سکتی ہے۔
آئیے، ہم دعا کو اپنی زندگی کا حصہ بنائیں، ہر مشکل میں اللہ کی طرف رجوع کریں، اور اس کی رحمت کے دروازے پر دستک دیتے رہیں۔
اے اللہ! ہمیں دعا مانگنے کی توفیق عطا فرما، ہماری دعائیں قبول فرما، ہماری پریشانیاں دور فرما، اور ہمیں ہمیشہ اپنی پناہ میں رکھ آمین

باب ہفتم: موت ۔ منزل کا پہلا قدم

موت کو یاد رکھنے کی فضیلت

موت کوئی اختتام نہیں، بلکہ یہ تو ابدی زندگی کے سفر کا پہلا قدم ہے۔ نبی اکرم ﷺ کا ارشاد ہے: **"اکثر موت کو یاد کرو جو تمہارے دل کی سختی کو پگھلا دے گی"** (بیہقی)۔ یہ یاد درحقیقت مسافر کے لیے وہ آئینہ ہے جو اسے اس کی حقیقت سے روشناس کراتا ہے۔

حضرت عمر بن خطاب رضی اللہ عنہ فرماتے تھے: "موت کو اس قدر یاد کرو کہ اگر تم اسے بھول بھی جاؤ تو وہ تمہیں یاد آ جائے۔ امام غزالی رحمہ اللہ احیاء العلوم" میں فرماتے ہیں: "موت کی یاد دل میں دنیا کی محبت کو کم کرتی ہے اور آخرت کی تیاری کا ذوق پیدا کرتی ہے۔

ایک بار ایک بزرگ سے پوچھا گیا: ہم موت کو کیوں نہیں یاد رکھتے؟"

انہوں نے جواب دیا: "کیونکہ تم نے دنیا کو اپنے دلوں میں بسانا شروع کر دیا ہے۔ جس کا دل دنیا سے لگ جاتا ہے، وہ موت کو بھول جاتا ہے۔

قبر کی زندگی ۔ برزخ کا سفر

قبر کی زندگی درحقیقت برزخ کے سفر کا آغاز ہے۔ یہ وہ درمیانی منزل ہے جہاں سے مسافر کے ابدی سفر کا تعین ہوتا ہے۔

نبی پاک ﷺ کا ارشاد ہے: "قبر جنت کے باغوں میں سے ایک باغ ہے یا جہنم گڑھوں میں سے ایک گڑھا"** (ترمذی)۔

حضرت شاہ ولی اللہ محدث دہلوی رحمہ اللہ فرماتے ہیں: قبر دنیا اور آخرت کے درمیان ایک پردہ ہے۔ یہاں انسان کو اس کے اعمال کا پہلا بدلہ ملنا شروع ہو جاتا ہے۔

:قبر میں انسان سے تین سوال ہوں گے

تمہارا رب کون ہے؟

تمہارا دین کیا ہے؟

تمہارا نبی کون ہے؟

ان سوالوں کے جواب کے لیے ضروری ہے کہ مسافر اپنے سفر کے دوران ہی ان حقیقتوں کو سمجھ لے اور ان پر ایمان لے آئے۔

حضرت عبداللہ بن عمر رضی اللہ عنہما سے روایت ہے کہ نبی ﷺ فرماتے تھے: "جب تم میں سے کوئی مر جاتا ہے تو اس کا ٹھکانہ صبح و شام اس کے سامنے پیش کیا جاتا ہے۔ اگر وہ اہل جنت میں سے ہے تو جنت کی طرف، اور اگر اہل جہنم میں سے ہے تو جہنم کی طرف" (بخاری)۔

آخرت کی تیاری کے عملی اقدامات

عقلمند مسافر وہ ہے جو منزل پر پہنچنے سے پہلے ہی تیاری شروع کر دے۔ آخرت کی تیاری کے لیے چند عملی اقدامات درج ذیل ہیں:

ایمان کی تجدید

ہر روز کلمہ طیبہ پڑھ کر اپنے ایمان کی تجدید کریں۔ حضرت عبداللہ بن مسعود رضی اللہ عنہ فرماتے ہیں: ہم رسول اللہ ﷺ کے پاس بیٹھے رہتے تھے اور ہر روز اپنے ایمان کی تجدید کرتے تھے۔

نمازوں کی پابندی

پانچ وقت کی نمازوں کو جماعت کے ساتھ ادا کریں۔ یہ قبر میں روشنی اور ٹھنڈک کا باعث بنے گی۔

قرآن مجید کی تلاوت

روزانہ قرآن مجید کی تلاوت کریں۔ یہ قبر میں ساتھی بنے گا۔ نبی ﷺ کا ارشاد ہے: "**تم میں سے ہر شخص قبر میں تنہا ہوگا۔ اگر اس کے ساتھ کوئی ہوگا تو وہ قرآن ہوگا**" (طبرانی)۔

صدقہ و خیرات

روزانہ کچھ نہ کچھ صدقہ ضرور کریں۔ حضرت انس رضی اللہ عنہ سے روایت ہے کہ نبی ﷺ نے فرمایا: "**صدقہ اللہ کے غضب کو ٹھنڈا کرتا ہے اور بری موت سے بچاتا ہے**" (ترمذی)۔

والدین کے ساتھ حسن سلوک

والدین کی خدمت اور ان کے ساتھ اچھا سلوک آخرت میں نجات کا ذریعہ ہے۔

علم نافع حاصل کرنا

ایسا علم سیکھیں جو اللہ کے نزدیک مفید ہو۔

اچھے دوست بنانا

ایسے دوست بنائیں جو آخرت میں کام آئیں۔

حضرت ابو درداء رضی اللہ عنہ فرماتے ہیں: "تمہاری دنیا کی زندگی تمہاری آخرت کی کھیتی ہے۔ جو یہاں بونے گا، وہی وہاں کاٹے گا۔"

موت درحقیقت منزل تک پہنچنے کا پہلا قدم ہے۔ عقلمند مسافر وہ ہے جو اس قدم کو اٹھانے سے پہلے ہی اپنی تیاری مکمل کر لے۔ موت کو یاد رکھنا، قبر کے سفر کے لیے تیار رہنا، اور آخرت کے لیے عملی اقدامات کرنا - یہی کامیاب مسافر کی نشانیاں ہیں۔

حضرت حسن بصری رحمہ اللہ فرماتے ہیں: ابن آدم! تو صرف چند دنوں کا مہمان ہے۔ تیرے پاس جو وقت ہے، اسے اپنی تیاری میں لگا دے۔ تجھے معلوم نہیں کہ کب تیرا بلانے والا آ جائے۔

آئیے، ہم اپنے سفر کی اس اہم منزل کے لیے تیاری کریں، تاکہ ہمارا یہ قدم ہمیں کامیابی کی طرف لے جائے۔

اے اللہ! ہمیں موت کی یاد کو تازہ رکھنے کی توفیق عطا فرما، قبر کے "عذاب سے پناہ دے، اور آخرت کی تیاری کرنے والوں میں شامل فرما۔ آمین"

باب ہشتم: آخرت - حتمی منزل

یوم القیامہ کے مراحل

یوم القیامہ وہ عظیم دن ہے جب تمام انسان اپنی حتمی منزل پر پہنچ جائیں گے۔ یہ دن انسان کے دنیاوی سفر کا اختتام اور ابدی سفر کا آغاز ہوگا۔ قرآن مجید میں ارشاد ہے: **"اے لوگو! اپنے رب سے ڈرو، بے شک قیامت کا زلزلہ بہت بڑی چیز ہے۔ جس دن تم اسے دیکھو گے، ہر دودھ پلانے والی اپنے دودھ پیتے بچے کو بھول جائے گی، اور ہر حاملہ اپنا حمل گرا دے گی، اور تو لوگوں کو مدہوش دیکھے گا حالانکہ وہ مدہوش نہ ہوں گے، لیکن اللہ کا عذاب ہی بہت سخت ہوگا"** (الحج: 1-2)۔

قیامت کے مراحل درج ذیل ہیں

صور پھونکا جانا

حضرت اسرافیل علیہ السلام کے دو بار صور پھونکنے کے درمیان چالیس کی مدت ہوگی۔ پہلی بار پھونک میں تمام مخلوقات ہلاک ہو جائیں گی، اور دوسری بار پھونک میں سب زندہ ہو کر اٹھ کھڑے ہوں گے۔

حشر کا میدان

تمام انسانوں کو ایک وسیع میدان میں جمع کیا جائے گا۔ نبی ﷺ کا ارشاد ہے: "**لوگ قیامت کے دن ننگے پاؤں، ننگے بدن اور ختنہ شدہ حالت میں اٹھائے جائیں گے**" (بخاری)۔

حساب و کتاب

ہر شخص سے اس کے اعمال کا حساب لیا جائے گا۔ اللہ تعالیٰ کا ارشاد ہے: "**پس جس نے ذرہ برابر نیکی کی ہوگی، وہ اسے دیکھ لے گا، اور جس نے ذرہ برابر برائی کی ہوگی، وہ اسے دیکھ لے گا**" (الزلزال: 7-8)۔

حساب و کتاب کی حقیقت

حساب و کتاب محض ایک رسمی عمل نہیں ہوگا، بلکہ یہ انصاف کا وہ عظیم دن ہوگا جب ہر شخص کو اس کے اعمال کا پورا بدلہ دیا جائے گا۔ امام غزالی رحمہ اللہ فرماتے ہیں: قیامت کے دن ہر شخص اپنے اعمال کو اپنے سامنے موجود پائے گا، حتیٰ کہ وہ برے خیالات بھی جو اس کے دل میں آئے تھے۔

حساب و کتاب کے مراحل میں شامل ہوں گے

اعمال کا پیش کیا جانا

ہر شخص کے اعمال اسے دکھائے جائیں گے۔ نبی ﷺ کا ارشاد ہے: "بندہ قیامت کے دن اپنے رب کے سامنے کھڑا ہوگا یہاں تک کہ اس سے اس کی پچاس باتوں کا حساب لیا جائے گا" (ترمذی)۔

(میزان (ترازو

اعمال کو تولا جائے گا۔ رسول اللہ ﷺ نے فرمایا: **"قیامت کے دن میزان (ترازو) لگائی جائے گی، تو جس شخص کے نیک اعمال زیادہ ہوں گے، وہ جنت میں داخل ہوگا، اور جس کے برے اعمال زیادہ ہوں گے، وہ جہنم میں داخل ہوگا"** (مسلم)۔

پل صراط

یہ ایک پل ہے جو جہنم پر سے گزرے گا۔ ہر شخص کو اس پر سے گزارا جائے گا۔ نبی ﷺ کا ارشاد ہے: **"پل صراط سے لوگ اپنے اعمال کے مطابق گزریں گے۔ کوئی بجلی کی طرح، کوئی ہوا کی طرح، کوئی پرندے کی طرح، اور کوئی دوڑتے ہوئے گھوڑے کی طرح"** (بخاری)۔

شفاعت

نبی اکرم ﷺ اور دیگر انبیاء و اولیاء کی شفاعت ہوگی۔

جنت و جہنم کا ابدی مسکن

جنت اور جہنم انسان کی حتمی اور ابدی منزل ہیں۔ یہ دونوں اس وقت سے تیار ہیں جب سے اللہ نے کائنات کو پیدا کیا ہے۔

جنت کی نعمتیں

جنت وہ عظیم ترین انعام ہے جو صرف متقی اور پرہیزگار لوگوں کے لیے ہے۔ قرآن مجید میں ارشاد ہے: **"بے شک متقی لوگ باغوں اور نہروں میں ہوں گے۔ عرش کے مالک کی بارگاہ میں سچی جگہ پر، زبردست بادشاہ کے پاس"** (القمر: 54-55)۔

جنت کی نعمتوں میں شامل ہیں

ہمیشہ رہنے والا گھر -

نہریں بہتی ہوئی -

ہر قسم کے پھل -

حسین حوریں -

ہر وہ چیز جو دل چاہے -

جہنم کا عذاب

جہنم وہ بدترین مقام ہے جو کافروں اور گناہگاروں کے لیے تیار کیا گیا ہے۔ اللہ تعالیٰ کا ارشاد ہے: "**اور ڈرو اس آگ سے جس کا ایندھن انسان اور پتھر ہوں گے، جو کافروں کے لیے تیار کی گئی ہے**" (البقرہ: 24)۔

:جہنم کے عذاب میں شامل ہیں

آگ کی لپیٹ ۔

کھولتا ہوا پانی ۔

زقوم کا کانٹے دار درخت ۔

انتہائی تکلیف دہ عذاب ۔

آخرت ہماری مسافرانہ زندگی کی حتمی منزل ہے۔ یہاں ہر شخص کو اس کے اعمال کا پورا بدلہ ملے گا۔ عقلمند مسافر وہ ہے جو اس حتمی منزل کو ہمیشہ یاد رکھے اور اس کے لیے تیاری کرتا رہے۔

حضرت عبداللہ بن مسعود رضی اللہ عنہ فرماتے ہیں: "آج عمل ہے اور "حساب نہیں، اور کل حساب ہوگا اور عمل نہیں۔

آئیے، ہم اپنے اس ابدی سفر کے لیے تیاری کریں، نیک اعمال کر کے جنت کے مستحق بنیں، اور برے اعمال سے بچ کر جہنم کے عذاب سے اپنی حفاظت کریں۔

اے اللہ! ہمیں قیامت کے دن کے عذاب سے بچا، ہمارا حساب آسان فرما،" "اور ہمیں جنت الفردوس میں داخل فرما۔ آمین

باب نہم: اللہ سے ملاقات - مسافر کی منتہیٰ آرزو

لقاء اللہ کی شدید تمنا

انسانی روح کی سب سے عظیم آرزو اور مسافر کی حتمی منزل درحقیقت اللہ تعالیٰ سے ملاقات ہے۔ یہ وہ منتہائے مقصود ہے جس کی طرف ہر صاحبِ دل تڑپتا ہے۔ قرآن مجید میں ارشاد ہے: "**جو لوگ ایمان لائے اور جنہوں نے نیک اعمال کیے، ان کے لیے خوشخبری ہے دنیا کی زندگی میں اور آخرت میں**" (یونس: 64)۔

حضرت رابعہ بصریہ رحمہ اللہ فرماتی ہیں: "اے اللہ! اگر میں جنت کے لالچ میں تیری عبادت کروں تو مجھے جہنم میں جلا دے، اور اگر میں دوزخ کے خوف سے تیری عبادت کروں تو مجھے وہاں داخل کر دے، لیکن اگر میں صرف تیری خاطر تیری عبادت کروں تو مجھے تیری جمال ذات کے دیدار سے محروم نہ کر۔"

قرآن میں اللہ سے ملاقات کے وعدے

قرآن مجید میں اللہ تعالیٰ نے اپنے بندوں سے ملاقات کے متعدد وعدے فرمائے ہیں:

سورہ البقرہ میں ارشاد ہے: ** **"اور جو کوئی اپنے رب سے ملنے کی امید رکھتا ہو، اسے چاہیے کہ نیک عمل کرے اور اپنے رب کی عبادت میں کسی کو شریک نہ ٹھہرائے**" (البقرہ: 110)

سورہ الکہف میں فرمایا "**جو شخص اپنے رب سے ملنے کی امید رکھتا ہے، اسے چاہیے کہ نیک عمل کرے**" (الکہف: 110)

سورہ الفجر میں وعدہ ہے "**اے مطمئن نفس! تو اپنے رب کی طرف لوٹ، اس حال میں کہ تو اس سے راضی اور وہ تجھ سے راضی**"** (الفجر: 27-28)

صالحین کے حالات جو اللہ کے عشق میں ڈوبے ہوئے تھے

حضرت ابراہیم علیہ السلام

جب انہیں آگ میں پھینکا گیا، تو ان کا واحد سہارا اللہ تھا۔ انہوں نے کہا:
"مجھے اللہ کافی ہے اور وہ کتنا اچھا کارساز ہے" (آل عمران: 173)

حضرت رابعہ بصریہ رحمہ اللہ

وہ راتوں کو جاگ کر دعا کرتیں: "اے اللہ! میرا دل تیرے ذکر میں لگا دے، میری آنکھوں کو تیرے دیدار کے لیے رو دے۔"

حضرت بایزید بسطامی رحمہ اللہ

آپ فرماتے تھے: "میں نے تیس سال تک اللہ کی عبادت اس طرح کی جیسے بھوکے نے روٹی کی طرف، پیاسے نے پانی کی طرف دوڑتے ہیں۔"

حضرت عبدالقادر جیلانی رحمہ اللہ

آپ فرماتے تھے: "جب میں نے اللہ کو پا لیا، تو پھر مجھے کسی چیز کی پرواہ نہ رہی۔"

اللہ سے ملاقات ہر مسافر کی حتمی منزل اور سب سے بڑی کامیابی ہے۔ یہ وہ مقام ہے جہاں پہنچ کر تمام آرزوئیں پوری ہو جاتی ہیں، تمام تڑپیں ختم ہو جاتی ہیں۔

حضرت شمس تبریزی رحمہ اللہ فرماتے ہیں: "جب عاشق کو معشوق مل جاتا ہے، تو پھر نہ عاشق رہتا ہے نہ معشوق، بلکہ دونوں ایک ہو جاتے ہیں۔

باب دہم: عملی تجاویز - مسافرانہ زندگی گزارنے کے طریقے

روزانہ کے اسلامی معمولات

فجر سے پہلے

تہجد کی نماز -

استغفار اور توبہ -

روزانہ کے لیے نیت کا تجدید -

فجر کے بعد

قرآن مجید کی تلاوت -

ذکر و اذکار -

روزانہ کے کاموں کی منصوبہ بندی -

پورا دن

نمازوں کی پابندی -

حلال روزی کی تلاش -

والدین، پڑوسیوں اور مسلم بھائیوں کے حقوق -

رات سونے سے پہلے

دن بھر کے اعمال کا محاسبہ -

سونے کی دعائیں -

کل کے لیے تیاری -

روحانی ترقی کے لیے مشقیں

مراقبہ

ہر روز کم از کم پندرہ منٹ بیٹھ کر اللہ کے ذکر میں مشغول ہوں۔

محاسبہ نفس

روزانہ رات کو اپنے اعمال کا حساب لگائیں۔ امام حسن بصری رحمہ اللہ فرماتے ہیں: مومن ہمیشہ اپنا محاسبہ کرتا رہتا ہے۔

خلوت

ہفتے میں ایک بار تنہائی میں بیٹھ کر اپنے رب سے راز و نیاز کریں۔

روزہ

ہر ماہ ایام بیض (قمری مہینے کی 13, 14, 15 تاریخوں) کے روزے رکھیں۔

:تلاوت قرآن

روزانہ کم از کم ایک پارہ قرآن مجید کی تلاوت کریں۔

معاشرتی زندگی میں اسلامی اقدار کا نفاذ

صدق و امانت

ہر معاملے میں سچ بولیں -

امانتوں کو ادا کریں -

وعدے پورے کریں -

:تواضع و انکساری

تکبر سے بچیں -

چھوٹوں پر شفقت کریں -

بڑوں کا احترام کریں -

خدمت خلق

مسکینوں اور یتیموں کی مدد کریں -

بیماروں کی عیادت کریں -

مسائل میں لوگوں کی مدد کریں -

معاف کرنے کا جذبہ

لوگوں کی غلطیوں کو معاف کریں -

بدلہ لینے سے پرہیز کریں -

درگزر سے کام لیں -

نرمی و رواداری

نرمی سے بات کریں -

اختلاف رائے میں برداشت کا مظاہرہ کریں -

ہر ایک کے ساتھ حسن سلوک کریں -

باب یازدہم: آزمائشیں - راستے کے پہاڑ اور کانٹے

مصائب و مشکلات کی حکمتیں

آزمائشیں درحقیقت راستے کے وہ پہاڑ اور کانٹے ہیں جو مسافر کی ہمت اور استقامت کو پرکھتے ہیں۔ قرآن مجید میں ارشاد ہے: **"کیا لوگ سمجھتے ہیں کہ وہ صرف اتنا کہہ دیں کہ ہم ایمان لے آئے اور انہیں آزمایا نہیں جائے گا؟"** (العنکبوت: 2)۔

:مصائب و مشکلات کی حکمتیں

بندے کا درجہ بلند ہونا: نبی ﷺ کا ارشاد ہے: جب اللہ تعالیٰ کسی بندے کو عزت دینا چاہتا ہے تو اسے مصیبت میں ڈال دیتا ہے بیہقی

گناہوں کا کفارہ: حضرت عائشہ رضی اللہ عنہا سے روایت ہے کہ نبی ﷺ نے فرمایا: "مسلمان کو جو بھی تکلیف پہنچتی ہے، یہاں تک کہ اسے لگنے والا کانٹا بھی، اس کے گناہوں کا کفارہ بن جاتا ہے" بخاری

رب کی طرف رجوع: مصیبتیں بندے کو اس کے رب کی طرف لوٹاتی ہیں

صبر و استقامت کی تربیت

صبر وہ روحانی عضلات ہیں جو مصیبتوں کے بوجھ اٹھانے کے لیے ضروری ہیں۔ اللہ تعالیٰ کا ارشاد ہے: "**اور صبر کر، بے شک تیرا صبر اللہ ہی کی مدد سے ہے**" (النحل: 127)۔

صبر کی تربیت کے مراحل

ابتدا میں صبر: مصیبت آنے کے فوراً بعد

مصیبت کے دوران صبر: شکوہ و شکایت سے پرہیز

مصیبت کے بعد صبر: تقدیر پر راضی رہنا

حضرت یعقوب علیہ السلام کا قول: **"تو صبر ہی خوب ہے"** (یوسف: 18) صبر کی اعلیٰ ترین مثال ہے۔

کامیاب مسافر بننے کے گر

یقین کامل: ہر حال میں اللہ کی مدد کا یقین رکھیں

توکل: اللہ پر بھروسہ کرنا

دعا: ہر مشکل میں اللہ سے مدد مانگنا

شکر: آسانی میں شکر ادا کرنا

تبدیل فکر: مشکل کو موقع سمجھنا

آزمائشیں کامیاب مسافر کی تربیت گاہ ہیں۔ حضرت جنید بغدادی رحمہ اللہ فرماتے ہیں: مصیبت درحقیقت وہ آئینہ ہے جس میں بندہ اپنی حقیقت دیکھتا ہے۔

باب دوازدہم: توبہ - راستہ بدلنے کا موقع

توبہ: راستہ بدلنے کا موقع

انسانی زندگی کے سفر میں توبہ وہ روشن مینار ہے جو گم کردہ راہ مسافروں کو صراط مستقیم کی طرف رہنمائی فراہم کرتا ہے۔ توبہ محض گناہوں سے پاکیزگی کا نام نہیں، بلکہ یہ اللہ رب العزت کی طرف بندے کے روحانی سفر کا نیا نقطہ آغاز ہے۔

توبہ کی لغوی و اصطلاحی تعریف

لغت میں توبہ کے معنی ہیں **"لوٹنا"**۔ اصطلاح شریعت میں توبہ سے مراد ہے گناہوں سے باز آکر اللہ کی طرف رجوع کرنا۔ امام غزالی رحمہ اللہ توبہ کی تعریف کرتے ہوئے فرماتے ہیں: "توبہ نفس کی اس کیفیت کا نام ہے جس میں وہ گناہوں کی قبحت و شناعت کو محسوس کرے، ان پر نادم ہو، انہیں فوری "طور پر ترک کر دے، اور پھر کبھی ان کی طرف لوٹنے کا ارادہ نہ رکھے۔

قرآن مجید میں توبہ کی اہمیت

اللہ تعالیٰ قرآن مجید میں ارشاد فرماتے ہیں

اے ایمان والو! تم اللہ کے سامنے سچی توبہ کرو، امید ہے کہ تمہارا رب تمہارے گناہوں کو تم سے دور کر دے گا سورہ التحریم: 8

ایک اور مقام پر ارشاد ہے

بے شک اللہ انہیں دوست رکھتا ہے جو بہت توبہ کرتے ہیں اور انہیں پاک رکھتا ہے جو پاک رہتے ہیں سورہ البقرہ: 222

احادیث مبارکہ میں توبہ کی فضیلت

:نبی اکرم ﷺ نے ارشاد فرمایا

اللہ تعالیٰ توبہ کرنے والے شخص سے اس قدر خوش ہوتا ہے جیسا کہ تم میں سے کوئی شخص اس سے خوش ہوتا ہے جب وہ کسی ایسی جگہ اپنا گم شدہ اونٹ پالے جہاں اس کے مرنے کا خطرہ ہو صحیح بخاری

آپ ﷺ کا ارشاد ہے

تمام بنی آدم خطا کار ہیں اور خطا کاروں میں بہتر وہ ہیں جو توبہ کرتے رہیں سنن ترمذی

توبہ کی شرائط

گناہ کو فوری طور پر ترک کرنا: توبہ کی پہلی شرط یہ ہے کہ انسان فوری طور پر گناہ کو ترک کر دے۔

گناہ پر سچی پشیمانی: دل میں گناہ پر سچی ندامت اور پچھتاوا ہو۔
آئندہ نہ کرنے کا عزم: پختہ ارادہ ہو کہ آئندہ یہ گناہ نہیں کروں گا۔
حقوق العباد کی ادائیگی: اگر گناہ میں کسی مخلوق کا حق تلف ہوا ہو تو اسے ادا کرنا یا معاف کروانا ضروری ہے۔

توبہ کے روحانی اثرات

:توبہ کے متعدد روحانی اثرات ہیں
قلب کی صفائی: توبہ دل کو گناہوں کے زنگ سے پاک کرتی ہے۔
اللہ کی قربت: توبہ کرنے والا اللہ کے خاص قرب کا مستحق بن جاتا ہے۔
رزق میں برکت: توبہ رزق میں برکت اور زندگی میں آسانیوں کا سبب بنتی ہے۔
مصیبتوں کا دفاع: توبہ آنے والی مصیبتوں کو ٹال دیتی ہے۔

توبہ کی مختلف اقسام

توبہ نصوح: یہ وہ توبہ ہے جس میں پختہ ارادہ ہو کہ آئندہ گناہ نہیں کروں گا۔
توبہ عوام: عام لوگوں کی توبہ جو گناہ ترک کرنے پر مشتمل ہوتی ہے۔
توبہ خواص: خاص بندوں کی توبہ جو غفلت اور تقصیر پر ندامت پر مشتمل ہوتی ہے۔

توبہ کے عملی مراحل

استغفار کی کثرت: روزانہ کم از کم سو بار استغفار پڑھیں۔
نماز توبہ: دو رکعت نماز پڑھ کر توبہ کی دعا مانگیں۔
اخلاص کے ساتھ دعارات کے آخری پہر اللہ سے معافی مانگیں۔
نیک اعمال کا آغاز: فوری طور پر نیک اعمال کا سلسلہ شروع کریں۔

توبہ میں تاخیر کے نقصانات

دل کی سختی: گناہوں کی کثرت دل کو سخت کر دیتی ہے۔
توبہ کی توفیق کا چلا جانا: موت کے وقت توبہ قبول نہیں ہوتی۔
عذاب الہی کا نزول: توبہ میں تاخیر عذاب الہی کا سبب بن سکتی ہے۔
توبہ درحقیقت مسافر حیات کے لیے وہ نعمت ہے جو اسے ہر موڑ پر نیا راستہ دکھاتی ہے۔ یہ اللہ کی رحمت کا وہ دروازہ ہے جو ہمیشہ کھلا رہتا ہے۔
حضرت عبداللہ بن مسعود رضی اللہ عنہ فرماتے ہیں: "مومن اپنے گناہوں کو اس طرح دیکھتا ہے جیسے وہ کسی پہاڑ کے نیچے بیٹھا ہو جو اس پر گرنے والا ہو، جبکہ فاجر اپنے گناہوں کو اس طرح دیکھتا ہے جیسے وہ مکھی ہو جو اس کی ناک پر سے اڑ گئی ہو۔"

آئیے، ہم اپنے سفر حیات میں توبہ کو اپنا شعار بنائیں، ہر قدم پر اللہ کی طرف رجوع کریں، اور اپنی منزل آخرت کو کامیاب بنائیں۔

اے اللہ! ہمیں ہر گناہ کے بعد سچی توبہ کی توفیق عطا فرما، ہماری توبہ" "قبول فرما، اور ہمیں اپنی رحمت کے سائے میں جگہ عطا فرما۔ آمین

توبہ گناہگار کے لیے نئی زندگی کا آغاز ہے۔ نبی ﷺ کا ارشاد ہے: "تمام بنی آدم خطا کار ہیں اور خطا کاروں میں بہتر وہ ہے جو توبہ کرے (ترمذی)۔

باب سیزدہم: ذکر ۔ مسافر کی منزل تک پہنچانے والی سواری

اذکار مسنونہ کی برکات

ذکر وہ روحانی سواری ہے جو مسافر کو منزل تک پہنچاتی ہے۔ نبی ﷺ کا ارشاد ہے: "**ذکر کرنے والے اور غافل کی مثال زندہ اور مردہ کی مانند ہے**" (بخاری)۔

دل کی موجودگی کے ساتھ ذکر

حضرت معاذ بن جبل رضی اللہ عنہ سے روایت ہے کہ نبی ﷺ نے فرمایا: "**مومن اپنے ذکر سے وہی فائدہ اٹھاتا ہے جو مچھلی پانی سے اٹھاتی ہے**" (مسند احمد)۔

اجتماعی ذکر کے روحانی اثرات

اجتماعی ذکر میں خاص برکت ہے۔ اللہ تعالیٰ فرماتے ہیں: "**اور تم اپنے رب کو عاجزی اور ڈر کے ساتھ چپکے چپکے یاد کرو**" (الاعراف: 205)۔
حضرت ابودرداء رضی اللہ عنہ فرماتے ہیں: "ہر چیز کی پالش ہوتی ہے، اور دلوں کی پالش اللہ کے ذکر ہے"۔

باب چہاردہم: محبت رسول ﷺ - مسافر کا محبوب راہنما

نبی کریم ﷺ کی سیرت کے دروس

نبی ﷺ کی سیرت مسافر کے لیے کامل راہنما ہے۔ اللہ تعالیٰ کا ارشاد ہے:

"بے شک تمہارے لیے رسول اللہ کی زندگی میں بہترین نمونہ ہے" (الاحزاب: 21)۔

اطاعت رسول ﷺ کی اہمیت

اطاعت رسول ﷺ درحقیقت اللہ کی اطاعت ہے۔ ارشاد باری تعالیٰ ہے:

"جس نے رسول کی اطاعت کی، اس نے اللہ کی اطاعت کی" (النساء: 80)۔

محبت رسول ﷺ کے تقاضے

سنت پر عمل

آپ ﷺ کی تعلیمات کو پھیلانا

آپ ﷺ کی سنتوں کو زندہ کرنا

آپ ﷺ کے دشمنوں سے بیزاری

حضرت انس رضی اللہ عنہ فرماتے ہیں: "نبی ﷺ سے بڑھ کر کسی سے میری محبت نہیں"۔

باب پانزدہم: حتمی بات - مسافر کے لیے وصیتیں

زندگی کے سفر کو کامیاب بنانے کے آخری نکات

وقت کی قدر کریں

علم نافع حاصل کریں

نیک اعمال میں جلدی کریں

دنیا میں اجنبی کی طرح رہیں

دائمی فلاح کی خوشخبری

اللہ تعالیٰ فرماتے ہیں: **"جو لوگ ایمان لائے اور نیک اعمال کرتے رہے، ان کے لیے خوشخبری ہے دنیا کی زندگی میں اور آخرت میں"** (یونس: 64)۔

اللہ کے ساتھ تعلق کو مضبوط بنانے کی ترغیب

حضرت ابوہریرہ رضی اللہ عنہ سے روایت ہے کہ نبی ﷺ نے فرمایا: **"اللہ تعالیٰ فرماتا ہے: میں اپنے بندے کے گمان کے ساتھ ہوں، اور جب وہ مجھے یاد کرتا ہے تو میں اس کے ساتھ ہوں"** (بخاری)۔

حضرت شاہ ولی اللہ محدث دہلوی رحمہ اللہ فرماتے ہیں: "مسافر کی کامیابی اس میں ہے کہ وہ ہمیشہ اپنی منزل کو یاد رکھے، راستے میں لگنے "والے پھولوں میں کھو نہ جائے، اور کانٹوں سے گھبرا کر نہ لوٹے۔

اے اللہ! ہمیں اس سفر میں کامیابی عطا فرما، ہمارے قدم جنت کی طرف" "اٹھا، اور ہمیں اپنے دیدار سے سرفراز فرما۔ آمین

یہ عملی تجاویز درحقیقت مسافرانہ زندگی گزارنے کے لیے ایک رہنما اصول ہیں۔ ان پر عمل کر کے ہم نہ صرف اپنی دنیاوی زندگی کو بہتر بنا سکتے ہیں، بلکہ اپنی آخرت کی منزل کو بھی یقینی بنا سکتے ہیں۔

اے اللہ! ہمیں اپنے ذکر میں مشغول رہنے کی توفیق عطا فرما، ہمارے اعمال کو قبول فرما، اور ہمیں اپنی رضا کے راستے پر چلنے کی ہمت عطا فرما۔ آمین

یہ کتاب قاری کو اس بات پر آمادہ کرتی ہے کہ وہ اپنی زندگی کے محدود لمحات کو آخرت کی لامحدود کامیابی کے لیے استعمال کرے۔ اللہ سے ملاقات کی امید اور آخرت کی کامیابی ہی اس مسافرانہ سفر کی حقیقی کامیابی ہے۔

مصنف کی آخری بات

اے مسافر راہ حیات! تو راستے میں ہے، منزل تجھے ضرور ملے گی۔"
"بس تو نے راستہ نہ بھلانا ہے اور زاد راہ ساتھ رکھنا ہے۔ اللہ تیرا حافظ ہے۔

تو اس وسیع و عریض صحرائے وجود میں ایک مسافر ہے، جس کا ہر قدم تیرے رب کی طرف بڑھتا ہوا ایک قافلہ ہے۔ تو راستے میں ہے — یہ جان لے کہ یہ راستہ ہمیشہ کا نہیں، یہ سفر ہمیشہ کا نہیں۔ ہر مشکل گھڑی گزر جائے گی، ہر تاریک رات کا اختتام ہوگا، اور ہر صبح کی روشنی تیرے منتظر ہے۔ منزل تجھے ضرور ملے گی"** — اس وعدے پر یقین رکھ تیری"** محنت، تیری لگن، تیری دعائیں رائیگاں نہیں جائیں گی۔ شاید راستے کے پہاڑ تھکادینے والے ہوں، شاید رات کی تاریکی ڈراونی لگے، مگر یاد رکھ: ہر مسافر کو اس کی منزل ملتی ہے، ہر طالب کو اس کا مطلوب ملتا ہے۔ تیری منزل تیرے رب کی رضا ہے، اور وہ تجھ سے زیادہ تیرے پہنچنے کا منتظر ہے۔

راستہ نہ بھلانا ہے

یہ راستہ قرآن و سنت کا راستہ ہے۔ یہ وہ سیدھا اور سچا راستہ ہے جس پر چل کر ہی تو اپنی منزل کو پا سکتا ہے۔ اس راستے کی علامتیں ہر دور میں اولیاء، صالحین اور شہداء نے چھوڑی ہیں۔ ان کے نقش قدم پر چل، ان کی دعاؤں کو اپنا ہمراہ بنا، اور کبھی اس راستے سے منہ نہ موڑ۔

زادِ راہ ساتھ رکھنا ہے

تیرا زادِ راہ تیرا ایمان ہے، تیری نیکیاں ہیں، تیرا ذکر و اَذکار ہے، تیرا علم و عمل ہے۔ یہ زادِ راہ ہلکا مگر قیمتی ہے۔ اسے جمع کر، اسے سنبھال، اور اسے ہر لمحہ اپنے ساتھ رکھ یہی تیری منزل تک پہنچنے کا واحد سہارا ہے۔

اللہ تیرا حافظ ہے

اس حقیقت کو دل میں بٹھا لے۔ تو تنہا نہیں ہے۔ تیرا رب تیرے ساتھ ہے — تیری ہر قدم پر حفاظت کر رہا ہے، تیری ہر مشکل میں سن رہا ہے، تیری ہر دعا کو قبول کر رہا ہے۔ وہ تیرا محافظ ہے، تیرا مددگار ہے، تیرا کارساز ہے۔

حضرت جلال الدین رومی رحمہ اللہ فرماتے ہیں

تو چل ہی رہا ہے — رک جا نہیں۔ منزل ابھی دور ہے مگر ہر قدم تیرے قریب کر رہا ہے۔ تیرا سفر ہی تیری منزل ہے، اور تیری جستجو ہی تیری کامیابی۔

حضرت شمس تبریزی رحمہ اللہ کا قول ہے

مسافر! تو ڈر نہ — راستہ طوِیل ہے مگر ہم سفر بہت ہیں۔ ہر طرف تیرے ہم سفر ہیں، ہر طرف تیری مدد کے لیے ہاتھ بڑھے ہوئے ہیں۔

اللہ کریم ہم سب کو اس سفر میں کامیابی عطا فرمائے۔ آمین

یہ دعا صرف الفاظ نہیں، یہ دلوں کی گہرائیوں سے نکلنے والی آواز ہے۔
یہ ہم سب مسافروں کی اجتماعی دعا ہے — کہ ہم سب اپنی منزل کو پا لیں، اپنے رب کی رضا حاصل کر لیں، اور اس جہانِ فانی سے اس جہانِ باقی کی طرف کامیاب سفر کر جائیں۔**آمین ثم آمین یا رب العالمین**

مصنف کی جانب سے آخری نصیحت

اے میرے ہم سفر!
تو کتاب پڑھ چکا ہے، اب عمل شروع کر ۔
تو راستہ جان چکا ہے، اب چلنا شروع کر ۔
تو منزل پہچان چکا ہے، اب اسے پانے کی کوشش شروع کر ۔

حوالہ جات

القرآن الکریم
صحیح البخاری
صحیح مسلم
سنن ابو داؤد
سنن ترمذی
سنن ابن ماجہ
موطا امام مالک
احیاء العلوم ۔ امام غزالی
کیمیائے سعادت ۔ امام غزالی
فیضان نبوت ۔ شاہ ولی اللہ محدث دہلوی
غنیۃ الطالبین ۔ شیخ عبدالقادر جیلانی
تذکرۃ الاولیاء ۔ فرید الدین عطار

فہرست آیات قرآنی

سورہ آل عمران: 185
سورہ الدخان: 38-39
سورہ الانعام: 153
سورہ الرعد: 28
سورہ العنکبوت: 45
سورہ التوبہ: 103
سورہ النحل: 53
سورہ الزمر: 10
سورہ الحج: 1-2
سورہ الزلزال: 7-8
سورہ البقرہ: 110
سورہ الکہف: 110
سورہ الفجر: 27-28

فہرست احادیث مبارکہ

اشاریہ

:نوٹ

یہ کتاب تمام لائبریریوں، تعلیمی اداروں اور عام قارئین کے لیے یکساں مفید ہے

www.ingramcontent.com/pod-product-compliance
Lightning Source LLC
LaVergne TN
LVHW060307051026
849517LV00003B/1019
* 9 7 9 8 2 3 2 1 8 6 1 7 3 *